BELLES

PORCELAINES ANCIENNES

DE LA CHINE, DU JAPON & DE SAXE

FAIENCES

BELLE FIGURE DE VIERGE EN MARBRE DU XVIe SIÈCLE

BRONZES, MEUBLES

TAPISSERIES — ÉTOFFES

*Appartenant à M. X****

EXPOSITION PUBLIQUE:

Le Vendredi 29 Janvier 1875

Mᵉ CHARLES PILLET,	M. CHARLES MANNHEIM,
COMMISSAIRE-PRISEUR,	EXPERT,
10, rue de la Grange-Batelière.	7, rue Saint-Georges.

CATALOGUE

D'UNE JOLIE COLLECTION

DE

PORCELAINES ANCIENNES

DE LA CHINE, DU JAPON ET DE SAXE

Beaux Vases en céladon bleu turquoise;

Vases et Plats décorés en émaux de la famille verte;

Grandes Potiches et Cornets en vieux Japon laqué; Groupes et Figurines
en vieux Chine et en ancienne porcelaine de Saxe;

FAIENCES DE LA PERSE, DE DELFT ET AUTRES;

BELLE FIGURE DE VIERGE EN MARBRE SCULPTÉ DU XVIe SIÈCLE

Bronzes d'ameublement; Meubles en bois sculpté, en laque et en bois doré;
Très-grand Paravent en cuir de Cordoue.

BELLES TAPISSERIES & ÉTOFFES

Le tout appartenant à M. X***

ET DONT LA VENTE AURA LIEU

HOTEL DROUOT, SALLE N° 6

Le Samedi 30 Janvier 1875,

A DEUX HEURES.

Par le ministère de Mᵉ **CHARLES PILLET**, Commissaire-Priseur,
10, rue de la Grange-Batelière,

Assisté de **M. CHARLES MANNHEIM**, Expert,
7, rue Saint-Georges,

Chez lesquels se trouve le présent Catalogue.

EXPOSITION PUBLIQUE : Le Vendredi 29 Janvier 1875
DE UNE HEURE A CINQ HEURES.

CONDITIONS DE LA VENTE

Elle sera faite expressément au comptant.

Les acquéreurs payeront *cinq pour cent* en sus du prix d'adjudication.

L'exposition mettant le public à même de se rendre compte de l'état des objets, il ne sera admis aucune réclamation une fois l'adjudication prononcée.

Paris. Typ. Pillet fils aîné, 5, rue des Grands-Augustins.

DÉSIGNATION DES OBJETS

PORCELAINES DE LA CHINE

1 — Très-joli vase à panse carrée en céladon bleu turquoise, à attributs et modèles gaufrés en relief, et monté en bronze ciselé et doré.

2 — Deux jolis vases en forme de balustre carré, aplati et à deux anses, en ancienne porcelaine de Chine, à fond rouge brique relevé d'or et à médaillons de personnages et fleurs émaillés en couleurs. Les couvercles sont surmontés de chimères assises. Montures en bronze ciselé et doré.

3 — Beau vase en forme de bouteille en céladon bleu turquoise. Belle qualité.

3 *bis* — Vase analogue à celui qui précède et pouvant lui servir de pendant.

4 — Deux belles figures de femmes, debout sur des socles carrés, en ancienne porcelaine de Chine, à riches costumes, décorées en émaux de la famille verte. Belle qualité.

5 — Deux vases en forme de cornet surbaissé à panse
sphérique renflée, en ancienne porcelaine de Chine,
fond gros bleu et décor d'or. Socles en bois sculpté.

6 — Joli vase en forme de rouleau en ancienne porcelaine
de Chine, décoré en émaux de la famille verte, à médaillons de fleurs et d'oiseaux, de chimères, de paysages, etc., sur fond pointillé relevé de fleurs. Belle
qualité.

7 — Vase de même forme et de même qualité, à sujet
familier de la cour de l'empereur de la Chine.

8 — Beau vase en forme de balustre à col droit, en porcelaine de Chine, décoré de dragons et de nuages
émaillés vert sur fond rouge lie de vin. Pièce rare.

9 — Beau vase en forme de balustre renversé à ouverture
rétrécie, en céladon bleu turquoise à dragons et
nuages gravés sous émail. — Haut., 53 cent.

10 — Joli vase en forme de balustre aplati, à têtes chimériques, en céladon bleu turquoise de belle qualité. Sur
socle en bronze doré, de style chinois.

11 — Grand et beau vase en céladon bleu turquoise uni,
en forme de balustre à panse ovoïde. — Haut., 60 cent.

12 — Petit vase de forme surbaissée à anses têtes chimériques, en céladon vert à dragons gravés sous émail, sur
socle à quatre pieds en bois de fer incrusté de nacre.

13 — Coussin de tête en ancienne porcelaine de Chine, de forme carrée, décoré d'oiseaux et de fleurs en émaux de la famille verte.

14 — Petite chimère debout sur une terrasse, en ancienne porcelaine de Chine émaillée vert d'eau.

15 — Figure d'homme debout en ancienne porcelaine de Chine, à vêtement émaillé bleu turquoise.

16 — Petite coupe à eau en forme de fleur à laquelle est accolé un canard, en ancienne porcelaine de Chine émaillée en couleurs.

17 — Deux pièces en porcelaine de Chine. Citron et cornichon émaillés en couleurs.

18 — Petite chimère couchée en céladon violet.

19 — Tasse et soucoupe en ancienne porcelaine de Chine, décorées en émaux de couleurs à fleurs sur fond noir.

20 — Jolie tasse avec soucoupe en porcelaine de Chine mince, décorée de fleurs et d'oiseaux en émaux de la famille rose.

21 — Vase en forme d'amphore à anses têtes chimériques, en terre émaillée vert émeraude de la Chine. Sur socle en bois sculpté.

22 — Beau vase en forme de potiche en ancienne porce-

laine de Chine, décoré de chimères, de fleurs et d'ornements en émaux de la famille verte et rehauts de
rouge.

23 — Vase de même forme, décoré de palmes et de fleurs
émaillllées en couleurs.

24 — Curieux petit vase à col renflé, en porcelaine de
Chine, marbré d'émail brun, vert et jaune sur fond
blanc et décoré d'un héron sacré en camaïeu brun-noir.

25 — Vase en forme de balustre surbaissé à deux anses,
à dragons et ornements gaufrés en relief, en porcelaine de Chine craquelée gris à filets d'émail brun.

26 — Joli plat rond et creux en ancienne porcelaine de
Chine, décoré en émaux de la famille verte, à attributs
et nuages sur fond vert. Belle qualité.

27 — Joli petit plat en ancienne porcelaine de Chine, décoré de figures d'animaux, de poissons et de fleurs
émaillés en couleurs.

28 — Joli compotier en ancienne porcelaine de Chine,
offrant au centre le buste de Deurhoff, philosophe hol-
landais, et au pourtour des médaillons représentant
l'enfer, le paradis, etc., séparés par des fleurs et des
oiseaux en couleurs et or sur fond bleu. Cette pièce
porte au revers une longue inscription hollandaise re-
latant l'histoire du personnage. Collection Allègre.

29 — Deux assiettes en ancienne porcelaine de Chine, décorées au centre du sujet du Calvaire sur fond bleu, et offrant au bord des ornements et des fleurs émaillés vert sur fond blanc.

30 — Petit compotier en ancienne porcelaine de Chine, décoré de médaillons de fleurs émaillés en couleurs sur fond carmin.

PORCELAINES DU JAPON

31 — Belle potiche en ancienne porcelaine du Japon, à médaillons de personnages et fond à rosaces et fleurs, en bleu, rouge et or. Belle qualité.

32 — Deux grandes et belles potiches en ancienne porcelaine du Japon, à riche décor de fleurs laquées en relief sur fond noir, et réserves à décor en camaïeu bleu sur fond blanc. Les couvercles sont surmontés de figures de femmes debout et les pieds sont en bois sculpté et doré.

33 — Deux grands et beaux cornets de mêmes porcelaine et décor que les potiches qui précèdent.

34 — Beau cornet en ancienne porcelaine du Japon, décoré de fleurs sur fond gros bleu et à médaillons de personnages rehaussés d'émail vert.

35 — Beau plat en ancienne porcelaine du Japon, à riche décor de fleurs et de rosaces en bleu, rouge et or sur fond bleu. Belle qualité.

36 — Très-grand plat en ancienne porcelaine du Japon, à décor de fleurs et ornements en bleu, rouge et or.

37 — Beau bol à bord denté, décoré intérieurement et extérieurement de fleurs et d'attributs divers émaillés en couleurs.

38 — Petit bol à pans en ancienne porcelaine du Japon, décoré de fleurs en bleu, rouge et or.

39 — Petit vase en forme de balustre carré, décoré de fleurs en bleu, rouge et vert.

PORCELAINES DE SAXE

40 — Joli groupe de deux figures d'amours en ancienne porcelaine de Saxe.

41 — Deux jolis petits tigres en ancienne porcelaine de Saxe, montés sur un socle rocaille en bronze ciselé et doré, du temps de Louis XV. Une branche de corail a été rapportée entre les deux animaux.

42 — Deux petits chevaux en ancienne porcelaine de Saxe, décorés au naturel.

43 — Jolie figure de châtelaine en ancienne porcelaine de Saxe; elle est vêtue d'une robe jaune et d'un manteau court.

44 — Figure d'étudiant debout en ancienne porcelaine de
Saxe.

45 — Figure d'homme debout en costume blanc, battant
la caisse et jouant de la flûte. Ancienne porcelaine de
Saxe.

46 — Figure de mineur debout en ancienne porcelaine de
Saxe.

47 — Jolie figurine de géographe en ancienne porcelaine
de Saxe. Belle qualité.

48 — Jolie petite figurine d'Hercule enfant en ancienne
porcelaine de Saxe.

49 — Autre petite figurine en ancienne porcelaine de
Hœchst. Enfant guerrier debout.

50 — Petite poule en ancienne porcelaine de Saxe.

FAIENCES

51 — Joli plat rond en ancienne faïence de Perse, décoré
de palmes et de fleurs émaillées en couleurs.

52 — Autre joli plat de Perse, décoré au centre d'une ro-
sace à fond rouge.

53 — Joli moutardier avec plateau en ancienne faïence de
Moustier, à décor polychrome à figures et fleurs.

54 — Petite jardinière ovale en faïence de Nevers, à anses
à mascarons et décorée de fleurs et d'ornements en
camaïeu vert.

55 — Joli vase porte-bouquets en ancienne faïence de
Delft, à décor en camaïeu bleu. Il est supporté par deux
lions couchés, et enrichi d'une figurine de Chinois
et d'un petit buste.

56 — Jolie petite cruche à panse circulaire, en ancienne
faïence de Delft, à médaillons de fleurs gaufrées en
relief et décor polychrome à fleurs.

57 — Deux jolis petits vases en forme de flacons à pans,
en ancienne faïence de Delft, à décor polychrome dit
cachemire.

58 — Petite coupe ronde en faïence de Castelli, représentant Judith et Holopherne. Cadre en bois sculpté à
feuilles.

59 — Jolie gourde de forme applatie en ancienne faïence
de Castelli, décorée de deux bustes de fumeurs d'après
Teniers, et de fleurs.

60 — Petit sanglier courant en ancienne faïence de Mar-
seille.

OBJETS VARIÉS

61 — Très-jolie figure en marbre blanc et tendre de 86 cent. de hauteur. La Vierge debout, vêtue d'un corsage et d'un ample manteau, porte l'enfant Jésus sur son bras gauche. Les cheveux et les vêtements portent des traces de dorure. Beau travail du xvi° siècle.

62 — Joli vidrecome allemand, à couvercle en verre émaillé à armoiries et portant la date de 1604.

63 — Joli panneau peint sur bois représentant diverses scènes à l'intérieur d'un palais. Les personnages portent des costumes de la fin du xvi° siècle. Dans un cadre riche en bois sculpté et doré.

64 — Grand bras-applique en fer forgé, à rinceaux et feuillages, du temps de Louis **XIV**.

65 — Deux vases en forme de rouleau en émail cloisonné de la Chine, à fleurs sur fond bleu et noir. Socle cannelé en marbre vert de mer.

BRONZES

66 — Très-grande jardinière ovale en cuivre rouge battu à côtes et à pieds de lions. xvii° siècle.

67 — Deux girandoles en cuivre doré de style Louis **XIV**, garnies de cristaux de roche et à 7 branches porte-lumières.

(8 — Deux petits socles carrés à angles coupés, en bronze
ciselé et doré, à volutes et fleurs. Epoque Louis XV.

69 — Deux petites girandoles à deux lumières en cuivre
doré, garnies de cristaux de roche.

70 — Deux bras-appliques du temps de Louis XVI, à deux
branches porte-lumières à rinceaux, et applique sur-
montée d'un vase et ornée d'une tête de bélier.

71 — Joli lustre flamand en cuivre jaune à double rang de
six branches chacun. xviie siècle.

72 — Deux chenets Louis XIII en cuivre, modèle à boules
et supports ornés de têtes en relief.

73 — Deux grands flambeaux du temps de Louis XIII en
cuivre, formés chacun d'une cariatide se terminant en
torsade sur plateau rond.

MEUBLES

74 — Grand et beau cabinet cintré à sa partie supérieure,
en laque noir à décor d'or, reposant sur une table
Louis XIV et à fronton à palmette en bois sculpté et
doré.

75 — Vitrine à deux corps de style Louis XVI, en bois
sculpté et doré et à quatre portes vitrées.

76 — Grand et beau paravent à quatre feuilles garni en
cuir de Cordoue à fleurs sur fond d'or. Il est doublé
en vieille cretonne.

77 — Autre joli petit paravent à dix feuilles en laque du
Coromandel à décor de figures, fleurs et ornements
variés en couleurs sur fond noir.

78 — Socle-support en bois de noyer sculpté, formé d'une
figure d'amour debout. Les draperies sont légèrement
rehaussées d'or. xvii° siècle.

79 — Petit paravent en bois doré, garni de tapisserie au
point à fleurs sur fond bleu clair et bord rouge. Époque Louis **XIV**.

80 — Grand fauteuil italien du temps de Louis **XIV** en
bois sculpté et doré, couvert de tapisseries au point à
fleurs et ornements.

81 — Grande glace-applique en verre gravé, avec enca-
drement enrichi de feuillages et ornements en relief,
et à trois branches porte-lumières.

82 — Deux girandoles en verre de Venise supportées par
des figurines d'enfants et des appliques d'angles en bois
sculpté et doré.

83 — Petite console de suspension en bois sculpté et doré
et fond de glace.

84 — Glace carrée à biseaux, avec cadre en bois sculpté et doré à rinceaux.

85 — Deux très-grands panneaux du temps de Louis XII, en bois de chêne sculpté, à médaillons, bustes et ornements.

86 — Jolie pendule du temps de la Régence avec socle-support en marqueterie d'écaille et cuivre, garnie d'ornements rocaille et figures en bronze.

87 — Pendule Louis XV en vernis de Martin à fond vert, garnie de bronzes.

88 — Joli cartel Louis XV en bronze, modèle à ornements rocaille, fleurs et figure d'enfant.

89 — Petit meuble du temps de Louis XIII, à deux corps, en marqueterie de bois. Les portes du corps supérieur sont garnies de glaces.

90 — Petite commode du temps de Louis XV, en marqueterie de bois garnie de bronze et à dessus de marbre.

91 — Console de suspension de style Louis XIV, en bois sculpté et doré, modèle à volutes, bustes, etc.

TAPISSERIES & ÉTOFFES

92 — Grande et curieuse tapisserie gothique, offrant au centre la figure équestre de Godefroid de Bouillon et portant diverses inscriptions en vieux français. —Larg. 3 m. 80, haut. 3 m. 60.

93 — Grande tapisserie au point, représentant diverses figures de fleuves et de tritons se livrant au plaisir de la pêche. Riche bordure de figures et fleurs. Époque Louis XIII. — Haut. 3 m. 20, larg. 4 m. 60.

94 — Quatre jolies tapisseries, dites verdures.

95 — Tablette de cheminée, garnie de jolies tapisseries au point, au temps de Louis XIII, à sujets de chasse.

96 — Deux petites portières, en tapisserie dite verdure.

97 — Lambrequin en tapisserie décoré d'oiseaux et de guirlandes de fruits.

98 — Bande de tapisserie à fond bleu, décorée de fleurs et de fruits. Époque Louis XIV.

99 — Morceau de tapisserie verdure.

100 — Beau morceau de velours de Gênes, à dessin violacé sur fond gris de fer.

101 — Bande de tapisserie Louis XIV à fleurs.

102 — Trois bandes de tapisseries du temps de Louis XIV, à fleurs et fruits sur fond brun.

103 — Trois autres bandes de tapisserie décorées de perroquets, de fleurs et d'ornements.

104 — Lot de bandes de diverses tapisseries.

105 — Deux jolis dessus de porte en tapisserie, de la fin du xvi° siècle, représentant des jeux d'enfants dans des paysages.

106 — Tapis de table en soie jaune à fleurs brochées en soie de couleurs et argent. Époque Louis XIV.

107 — Environ 1 m. 50 frange à grille en soie rouge et jaune.

108 — Vide-poche en velours rouge, portant les armoiries d'un pape brodées en or sur fond rouge, et garni d'une dentelle d'or. xvi° siècle.

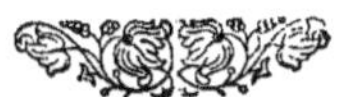

www.ingramcontent.com/pod-product-compliance
Lightning Source LLC
LaVergne TN
LVHW011029180726
843502LV00007B/2801